O Escalpamento é Divertido!

Parte 3: Como Classifico os meus Resultados de Transação?

Heikin Ashi Trader

Conteudo

1. O Diário de Transação enquanto arma 3
2. As primeiras 12 semanas de um novo Escalpador 5
    - Semana 1 11
    - Semana 2 22
    - Semana 3 26
    - Semana 4 30
    - Semana 5 35
    - Semana 6 41
    - Semana 7 44
    - Semana 8 47
    - Semana 9 49
    - Semana 10 53
    - Semana 11 57
    - Semana 12 61
3. Como está a Jenny agora? 64
4. A Escalpagem é um Negócio 66

Mais livros de Heikin Ashi Trader 68
- Sobre o Autor 74
- Impressão 75

1. O Diário de Transação enquanto arma

Não existem muitos livros sobre a gestão de dinheiro, muito menos para escalpadores. Portanto, este livro quer encurtar este intervalo e contribuir para uma melhor compreensão deste estilo de transação em particular. Estou convencido que é precisamente a gestão de dinheiro que enfatiza a posição especial do escalpador no universo das estratégias de transação.

Nesta terceira parte da série, "Escalpar é Divertido!" quero mostrar através da curva de aprendizagem de um único operador como o diário de transação, e especialmente a análise estatística destes dados, fornecem o argumento mais forte para o escalpagem. Os escalpadores que têm uma grande quantidade de dados de transação têm uma vantagem nítida. Os seus dados são os mais fiáveis (mais extensos) quando se trata de aprender rápida e eficientemente a partir dos erros cometidos e cruzar o limiar da rentabilidade. A partir daí, o diário de transação transforma-se numa poderosa arma com a qual o escalpador atua nos mercados. Com a riqueza de dados para o suportar, ele pode atuar com mais confiança. O operador cresce com os seus dados. Os resultados estáveis geram confiança. Com a confiança, por sua vez, crescem resultados estáveis.

Acima de tudo, o escalpador aprende a compreender melhor as suas próprias transações. A perspetiva que a transação e o escalpagem são jogos rentáveis que ele consegue dominar estão a crescer com cada dia de transação que passa. Utilizando o exemplo dos resultados de transação de um único escalpador, quero demonstrar como esta abordagem por ser excitante e eventualmente rentável. Enquanto leitor irá ver como um iniciante passa a ser um operador mais autoconfiante no decorrer de 3 meses e como ele começa a ser cada vez mais consciente do potencial das suas próprias transações. Prepare-se para um verdadeiro suspense financeiro. Aqui vamos!

2. As primeiras 12 semanas de um novo Escalpador

Os resultados da transação sobre os quais vai ter conhecimento agora foram obtidos por uma operadora feminina que acompanhei no meu programa de mentoria durante 3 meses. Esta operadora existe e não é uma invenção da minha parte. Os resultados de transação são exatamente os que ela obteve durante os seus 3 primeiros meses na bolsa de valores. Só alterei o seu nome por motivos de discrição, e menciono-a neste livro simplesmente por "Jenny." A Jenny deu-me permissão para publicar os seus resultados.

A Jenny tinha pouca experiência em transação, mas ficou consciente da possibilidade de ganhar dinheiro através do meu primeiro livro da série, "Escalpar é Divertido", que ela estava ansiosa e disposta a aprender. Iremos reconhecer, tendo como base os seus resultados, todos os erros clássicos que os operadores fazem no início das suas curvas de aprendizagem. Fico grato à Jenny por ela me ter fornecido os seus dados para este livro. Claro, a curva de aprendizagem é diferente para cada operador. Mas os comentários subsequentes das 12 primeiras semanas de transação da Jenny talvez tornem óbvio que a curva de aprendizagem pode ser completada mais rapidamente se estiver seriamente envolvido num estilo de transação, tal como o escalpagem. É simples: quantas mais transações fizer, mais rapidamente ganha experiência.

Os escalpadores passam por processos para os quais, por vezes, os investidores normais necessitam de anos. A Jenny desempenhou cerca de 1000 transações durante este período. É óbvio que, desta forma, ela teve a oportunidade de aprender a transacionar rápida e eficientemente e ela aproveitou a oportunidade. Para referência, a Jenny escalpa exclusivamente moedas. No início ela estava a transacionar diferentes pares de moeda mas, gradualmente, ela percebeu que seria melhor especializar-se. Isto também é um resultado de uma curva de aprendizagem mais rápida. Ela decidiu, numa determinada altura, lidar apenas com o EUR/USD. Claro, ela decidiu isto devido à boa liquidez e spreads apertados neste par de moeda. Ela poderia ter selecionado outro par principal, como GBP/USD ou USD/JPY, mas obviamente sentiu-se mais à vontade com o euro. Ela escolheu um corretor forex profissional que lhe ofereceu um modelo baseado em comissões. Ao contrário da maioria dos outros corretores forex, onde o cliente "apenas" vê cobrado sobre o spread aqui, ela irá pagar uma pequena comissão. Na altura, isto eram 2,42 euros por rodada para cada mini lote (10 000 $).

Portanto, ela recebeu excelentes condições. Com o modelo baseado no spread irá ter facilmente um spread entre 1 e 1,5 pontos no par EUR/USD. Com o modelo baseado na comissão isto é frequentemente de apenas 0,2 ou 0,4 pontos (em média). Isto é uma enorme vantagem. O euro só necessita de um ligeiro movimento a seu favor e ela já estará a lucrar. Isso é exatamente o que é importante quando estamos a escalpar.

No que diz respeito às comissões, reflito aqui novamente a quantia exata que a Jenny pagou. Apesar das boas condições, isto não foi barato. Claro, perante estas circunstâncias pode argumentar que o escalpagem não pode ser rentável porque as comissões comem os lucros. Eu não descarto levianamente esta objeção. Ela tem o seu fundamento. Um escalpador deve ser simplesmente bom para superar este obstáculo. No início é certamente difícil imaginar que isto seja possível. Mais frequentemente iremos ver que, embora a Jenny tenha conseguido produzir um pequeno ganho semanal, ela ainda assim não ganhou qualquer dinheiro após as comissões. O meu trabalho era ajudá-la a ultrapassar este período. Para os que conseguirem ter lucro após as taxas, o escalpagem pode ser rentável. Os escalpadores estão entre os operadores mais bem pagos no mercado bolsista.

Portanto, o acompanhamento por parte de um instrutor é muito importante durante a fase de aprendizagem. É fácil ficar rapidamente desencorajado quando não tem ninguém a seu lado para lhe mostrar a luz ao fundo do túnel. Senti que a minha função era criar as fundações mais amplas possíveis para o escalpagem da Jenny. Ela iria beneficiar disto posteriormente com o crescimento da sua experiência. A

Experiência obtida através de ações diárias é aquilo que realmente interessa. Uma vez alguém falou sobre as 10 000 horas necessárias, não só para aprender uma competência, mas também para a dominar.

Nós observamos os atletas de topo, nos seus níveis de performance de topo, de forma admirável. Nós ouvimos, encantados, o concentro de um pianista tocando um Chopin Mazurka. Os muitos milhares de exercícios precedentes nós não ouvimos nem vemos. O terceiro livro da série, "Escalpar é Divertido!" fala sobre esses exercícios de treino. Iremos examinar o progresso da Jenny. Veremos como ela tentou ser uma escalpadora rentável semana após semana. Iremos analisar os seus resultados semanais e discutir as estatísticas destes dados. Assim sendo, espero que este livro forneça um contributo para aprofundar ainda mais o conhecimento deste estilo único de negociação, conhecido como escalpagem.

A Jenny não tinha, devido à sua falta de experiência, regras no que diz respeito aos tamanhos das suas posições na fase inicial do seu processo. Ela estava constantemente a alterá-las, frequentemente no mesmo dia. Por conseguinte, não iremos envolver os tamanhos das posições nas nossas deliberações, embora compreenda que um algoritmo de tamanhos de posição sensato pode, e deve, desempenhar um papel importante no êxito final. Para simplificar, iremos atuar sob a suposição de uma posição negociada com um tamanho de 10 000 $ durante um período de 3 meses. Aquilo que interessa é o número de pontos que a Jenny alcançou por transação. A partir destes dados queremos aprender e trabalhar regras para a gestão do dinheiro de um escalpador. Espero que o tópico, que pode parecer "seco" ou "aborrecido", possa ser excitante. Por último, mas não menos importante, espero certamente que uma abordagem mais aprofundada sobre este tema contribua para uma melhoria da perspetiva sobre o que interessa na negociação e escalpagem.

Semana 1

Figura 1: negociações da Jenny, Semana 1

						total
Monday	2,5	2,5	1			6
Tuesday	3,8	-7,6	4	1	1	2,2
Wedn.	-10	13	-10	18	5	19
	-25	18	10			
Thursd.	5	3	0,5	3,7	3	-2,8
	-8	-10	-10	10	-2,8	
Friday	8,4	-5	3	-4	-12	
	-9,6					-9,6
week 1						14,8

Monday = Segunda-feira

Tuesday = Terça-feira

Wed. = Quarta-feira

Thursday = Quinta-feira

Friday = Sexta-feira

Week 1 = Semana 1

Total = Total

A Jenny efetuou 31 negociações em escalpagem na sua primeira semana. Os números na tabela são o número de Pontos, positivos ou negativos, que ela obteve. Ela trabalhou na primeira semana com uma paragem de perda fixa de 10 pontos. Podemos ver isto devido a um número de negociações em perda que na realidade terminaram com -10. Nestes casos, as negociações foram fechadas pelo sistema e não por sua própria iniciativa. Isto foi, por exemplo, o caso com as perdas de -4 ou -5. Contudo, também vemos que duas negociações com perdas foram maiores que 10 pontos, tal ocorreu na quarta-feira, uma perda de 25 pontos e, na sexta-feira, uma perda de 12 pontos. A perda de sexta-feira deveu-se à derrapagem. Como derrapagem, consideramos a diferença entre os preços onde quer preencher e na realidade executou. Isto acontece com as ordens de paragem de perda mais frequentemente do que seria de esperar, especialmente dado que estas ordens são, na realidade, ordens de mercado.

O escalpador quer que a sua posição seja fechada assim que um determinado preço for atingido. Isto é efetuado "na melhor das hipóteses" e o operador assume assim o risco de aceitar a derrapagem. Isto acontece frequentemente quando movimentos rápidos ocorrem contra a posição do operador. A derrapagem faz parte disso e é um sinal que o escalpador está a atuar num mercado real. Isso significa que tem contrapartidas reais com as suas negociações. Isto podem ser bancos, fundos de investimento ou simplesmente outros operadores. Contudo, é habitualmente um sinal que não está a lutar contra o criador do mercado. Portanto, a derrapagem é um dos custos do negócio da escalpagem e deve ser considerado como tal. Não tive qualquer problema com a perda de sexta-feira de -12 na minha reunião com a Jenny. Em discussão esteve a perda de 25 pontos na quarta-feira. Como é que isso aconteceu? Isto não foi claramente um resultado da derrapagem, mas o maior pecado de todas as negociações: ela afastou-se da paragem.

Felizmente, a Jenny foi compreensiva. Ela compreendeu que este comportamento só iria prejudica-la se fizesse dele um hábito. Se tivesse deixado a paragem a -10, os ganhos desta semana não teriam sido de 14,8, mas sim de mais de 30 pontos. Aqui pode ver como este erro pode afetar negativamente os resultados semanais. Ainda assim, o pequeno ganho não foi mau para um iniciante. Contudo, será que foi assim tão bom? Vejamos a análise estatística desta primeira semana.

Imagem 2: Estatísticas da Jenny, Semana 1

trading statistics	week 1
total trades	32
win	20
loss	12
break-even	0
average win	5,82
average loss	9,5
hitrate	62,50%
payoff-ratio	0,61
expectancy	0,15

Trading statistics = Estatísticas de negociação

Week1 = semana 1

Total trades = total de negociações

Win = ganho

Loss = perda

Break-even = igual

Average win = ganho médio

Average loss = perda média

Hitrate = Taxa de sucesso

Payoff-ratio = rácio de pagamento

Expectancy = expetativa

À primeira vista, estes resultados parecem ser bons. A Jenny conseguiu completar 20 de 31 negociações com lucro. Apenas 11 negociações acabaram em perda. O termo para isto em negociação é a taxa de sucesso e ela foi de 62,50% na primeira semana. Muito bem, podemos pensar. Contudo, analisemos mais atentamente os dados. Quanto é que ela ganhou se conclui uma negociação com lucro? O ganho médio foi de 5,82 pontos. O número que obtém quando adiciona todos os pontos e os divido pelo número de êxitos, nomeadamente 20. Alguns dos êxitos foram superiores a 5,82 pontos, outros inferiores, mas em média, nessa primeira semana, ela lucrou 5,82 pontos.

Como é que estão as coisas na perspetiva das perdas? Vemos que a perda média foi muito superior, nomeadamente 9,5 pontos. Isso significa que quando a Jenny perde, ela perde duas vezes mais do que quando ganha. Está a ver: isto já parece ser um pouco menos glamoroso. Então, como é que ela conseguiu gerar um lucro líquido de 14,8 pontos esta semana? Isto, claro, deveu-se a uma taxa de sucesso relativamente elevada de 62,50%. Desta forma, é possível reduzir a negociação a dados matemáticos simples. Na reunião de sexta-feira, claro, falamos sobre a elevada média de perda. Por outro lado, claro, a perda individual de 25 pontos de quarta-feira foi parcialmente responsável pela média elevada de perda. Contudo, não exclusivamente. Se a perda média foi de 9,5 pontos e a perda de paragem se encontrava nos 10 pontos, então a Jenny não tentou muito limitar as suas perdas. Ela percebeu isto de imediato, porque este número só poderia melhorar se ela conseguisse fechar rapidamente as suas posições em perda.

Olhemos para o lucro médio. Será que ela pode melhorar isto? Aqui ela teve sorte. Ela admitiu candidamente que ela tinha frequentemente fechado a negociação com dois ou três pontos de lucro, embora tivesse sido possível muito mais. Ela disse claramente que preferia recolher este pequeno lucro do que correr o risco de poder perder novamente este pequeno ganho. Compreensível, claro, mas este comportamento viola a segunda parte da regra dourada da negociação: cortas as suas perdas e deixar correr os seus lucros. Com esta atitude, ela não deixou que os seus lucros corressem. A Jenny não se encontra sozinha neste comportamento destrutivo. Eu observei-o em muitos iniciantes. Eles creem erradamente que a taxa de êxito (ex. o número de êxitos) é crítica para o sucesso da negociação. Este não é o caso, os seus números demonstram isto com toda a clareza. A Jenny "salvou" a sua taxa de êxito para esta semana. Afinal de contas, ela teve um pequeno lucro de

14,8 pontos. Após a dedução das comissões de 113,02 euros, o resultado líquido para esta semana foi infelizmente negativo: -42,17 euros.

Portanto, apesar de uma elevada taxa de êxito de 62,50% ela teve uma perda de 42,17 euros na sua conta! Ainda bem que ela viu isto e compreendeu que a sua inclinação para aceitar lucros mínimos rapidamente não a iria levar ao sucesso. Os seus ganhos individuais deveriam ser pontanto maiores e as perdas individuais menores. O relacionamento entre o ganho médio e a perda média é expresso ainda mais nas nossas estatísticas: através do **Rácio de Pagamento**. O objetivo de todos os operadores deve ser aumentar o Rácio de Pagamento, porque ele expressa muito melhor a rentabilidade que a taxa de êxito. Eis a fórmula:

Rácio de Pagamento = (ganho médio) / (perda média)

Olhemos agora para os números da Jenny.

Rácio de Pagamento da Jenny: (5,82) / (9,5) = 0,61

Embora a Jenny só necessite de dois ganhos para compensar a sua perda, com este Rácio de Pagamento ela ficaria, lenta mais certamente, falida. Na primeira semana, ela foi salva pela boa taxa de êxito, mas não existe nenhuma garantia que ela poderá repetir isto semana após semana. A rentabilidade tende para zero. Por outras palavras, o trabalho das próximas semanas e meses irá consistir, em particular, em aumentar o rácio de pagamento. Apenas se este número for estável haverá uma possibilidade de se transformar num operador rentável. Assumindo que a taxa de êxito permanecia acima dos 50%, claro.

Agora vejamos, há nas estatísticas da Jenny um último número: a **Expetativa**. A Expetativa da Negociação é o ganho (ou perda) médio que o operador pode esperar por negociação, tendo como base os seus dados históricos. Para calcular a Expetativa necessitamos de três números: a taxa de êxito, o ganho médio e a perda média. A fórmula é a seguinte:

Expetativa:

(Rentabilidade do Ganho * Ganho Médio) - (Rentabilidade da Perda * Perda Média)

A Jenny teve uma taxa de êxito de 62,50% na sua primeira semana. O lucro médio foi de 5,82 pontos. A perda média foi de 8,5 pontos. Agora podemos calcular a sua Expetativa:

(0,63 * 5,82) - (0,37 * 9,5) = 0,15

Por outras palavras, tendo como base os seus recentes resultados, a Jenny pode esperar um lucro médio de 0,15 pontos por negociação. Se nos recordarmos que este modelo se baseia na comissão, no qual ela obtém um spread no EUR/USD de 0,2 a 0,4 pontos, então pelo menos aqui torna-se evidente que a Jenny ainda não conseguiu ter um sistema rentável, embora a sua taxa de êxito tivesse sugerido isso inicialmente. A Jenny nem sequer conseguiu compensar o spread no EUR/USD e ainda não pagou as comissões.

Após a primeira semana, ela sentiu claramente que lhe esperava imenso trabalho. O verdadeiro significado destes números em todas as suas dimensões só ficaria percetível com o decorrer das próximas semanas. É isso que este livro aborda.

Semana 2

Figura 3: Negociações da Jenny, Semana 2

								Total
Monday	-7	5,2	2,6	2,7	-10	2,3	-1	-5,2
Tuesday	-9,3	4,7	4	3,1	1,5			4
Wedn.	3,4	1,6	0,7	5,7	5,4			16,8
Thurs.	-10	-5,7	11,4	3,6	-5,1	4,2	2,9	-17,1
	3,1	3,1	-6,2	3,1	-6,2	-8	-6	
	-8	-3	1,7	4	2,1	5,3	-3,4	
Friday	3,3	-5,3	-4,2					-6,2
week 2								-7,7

Na segunda semana, a Jenny efetuou 41 negociações, ligeiramente mais que na primeira semana. Ela ficou agradada por observar que não teve grandes perdas. A partir de quinta-feira, ela decidiu arriscar apenas oito pontos por transação, ao invés dos 10. Aí vemos a aparecer o valor -8 duas vezes na tabela. Isto é positivo porque demonstra que a Jenny começou a trabalhar "na sua defesa." Ela começa a ver que é importante limitar as suas perdas o mais rapidamente possível. Isso, no caso dela, é certamente necessário, porque pelo lado positivo, nós vemos novamente muitas negociações bem-sucedidas, mas a grande maioria ainda é pequena. Aparentemente, ela não conseguiu alterar a sua tendência de fechar a posição quando tinha um pequeno lucro. Este comportamento levou ao facto de terminar a semana com uma pequena perda de 7,7 pontos. Isto não é nada de dramático e podemos chamar-lhe uma semana normal de negociação, excetuando os pequenos ganhos. Ela admitiu na reunião semanal que estava feliz com um ganho de um ou dois pontos. O principal era ganhar a negociação. Consideramos positivo o facto de, pelo menos, ter mantido as perdas baixas.

Figura 4: Estatísticas da Jenny, semana 2

trading statistics	week 2
total trades	41
win	25
loss	16
break-even	0
average win	3,63
average loss	4,78
hitrate	61,00%
payoff-ratio	0,76
expectancy	0,43

Olhemos para os dados da segunda semana. A Jenny efetuou 41 negociações. 25 delas foram com êxito, o que significa uma taxa de êxito de 61%. Isto difere apenas ligeiramente da anterior taxa de êxito e ilustra que a necessita da Jenny de "recolher os êxitos". Lamentamos ver que o lucro médio na segunda semana caiu um pouco. Ele encontra-se agora nos 3,63 pontos. Contudo, no lado da perda, ele está melhor. Aqui, o número caiu. A perda média foi de 4,78 pontos desta vez. Dado que a perda ainda é maior que o ganho, o rácio de pagamento ainda é fraco, claro. Está um pouco melhor que semana anterior, mas com 0,76 ainda se encontra abaixo de um. A sua estratégia ainda tem assim uma baixa rentabilidade. A rentabilidade para falir ainda é uma realidade. Contudo, a expetativa melhorou. Desta vez ela tem uma expetativa de 0,43 pontos por negociação. Embora isto ainda não seja muito, é claramente melhor que os 0,2 expressos em euros, ele obteve uma perda de 7,25 euros esta semana. As comissões custaram-lhe 106,36 euros. Isto resultou numa perda total de 113,61 euros.

Semana 3

Figura 5: negociações da Jenny, Semana 3

								total
Monday	-4,9	4,9	-5,9	-7,5	6,5	5,5	-6,2	-29,1
	-2,4	6	5,1	-8,4	4,9	-5,3	-5,1	
	5,2	-5,8	-10	-11,2	-10,2	7,3	8,4	
Tuesday	-2,4	-5,4	3,4	5,8	5,7	-0,7	3,3	49,5
	4,1	10,2	5,4	12,5	3,3	4,3		
Wedn.	5,8	4,9	3,5	4,9	4	-4	7,1	26,2
Thursd.	6,9	2,6	2,1	11,4	7,3	2,3	2,8	72,6
	9,5	1,3	4	2,5	3,7	1,9	1,9	
	-3	-1,7	4,5	-4,9	6	1,3	3,2	
	1,7	4	1,3					
Friday	2	2,1	2,5	4,5	12,5	2,6	3,5	32,2
	2,5							
week 3								151,4

A Jenny esteve ativa na terceira semana. Especialmente na quinta-feira, onde efetuou 24 negociações. Deslumbrantes são os muitos êxitos e poucas perdas. A negociação de 11,2 de segunda-feira foi novamente uma consequência da derrapagem. O resultado, claro, com 151,4 pontos foi excelente. Contudo, temos de afirmar que a vasta maioria dos ganhos permanecem pequenos. Ela disse, na reunião, que queria evitar, acima de tudo, todas as negociações em perda. Por outras palavras, ela jogou "não para perder" ao invés de jogar para ganhar. Se é uma semana tão boa como esta é possível obter um bom resultado. Nas semanas más com taxas de êxito inferiores, a soma dos êxitos não consegue exceder a soma das perdas. Dessa forma, o resultado semanal é negativo.

Figure 6: estatísticas da Jenny, Semana 3

trading statistics	week 3
total trades	73
win	54
loss	19
break-even	0
average win	5,1
average loss	3,39
hitrate	73,24%
payoff-ratio	1,5
expectancy	3,27

Além disso, sim, à primeira vista os números são bons. Pela primeira vez, o ganho médio está bem acima da perda média. O rácio de pagamento é portanto significativamente superior a um. Contudo, este bom resultado foi alcançado principalmente graças à taxa de êxito de 73,24%. Aqui, vemos claramente um padrão. A Jenny é uma pessoa que, especialmente, não quer perder. Ela ainda prefere um lucro mínimo de um ou dois pontos do que alcançar lucros elevados em média com o risco de ter mais algumas perdas.

Eu indiquei-lhe, todas as semanas, que ela estava a tentar obter o seu resultado líquido, em particular, com a taxa de êxito. A maioria dos iniciantes tem este problema. Eles pensam que uma taxa de êxito elevada = lucro alto. O facto de este comportamento no final não produzir o resultado desejado talvez não fosse algo óbvio após a terceira semana. Esta crítica da minha parte pode parecer um pouco dura, considerando que trabalhou de forma disciplinada durante duas semanas e alcançou um resultado muito bom com 151 pontos. Contudo, a partir da minha própria experiência, sabia que se um operador não conseguir superar um padrão comportamental em específico, eventualmente, isto leva a resultados muito negativos.

Além disso, ela estava a criar muitas comissões com esses mini lucros de um ou dois pontos. Claro, desta forma ela fazia com que o seu corretor ficasse rico e feliz. Expresso em euros, a Jenny poderia ganhar 153,55 euros na terceira semana. As suas comissões ficaram nos 113,77 euros. O resultado líquido da semana foi portanto de 39,78 euros. Isto parece de certa forma pouco quando consideramos que ela ganhou pelo menos 151 pontos. Isto deve-se ao facto de ela ter escalpado na segunda-feira com um tamanho de posição de 30 000 $. Infelizmente, segunda-feira foi o seu único dia de perda. A partir de terça-feira ela escalpou apenas com 10 000 $.

Semana 4

Figura 7: Negociações da Jenny, Semana 4

								Total
Monday	5,6	7,3						12,9
Tuesday	-1,8							-1,8
Wedn.	3,6	3	-8,4	0,9	-6,2	9,2	1,3	33,15
	-9,7	6,6	5,25	1,8	6,7	8,2	-5,4	
	6,3	-4,8	6,3	4,9	3,6			
Thursd.	3,2	-10	8,3	4,5	3,5	-11	-11,3	-30,1
	2,7	3	-12,5	6,3	16,3	3,6	0,8	
	-9,7	-10,6	-11,7	6,3	-6,4	-7,7	-4,2	
	3,8	-7,8	-7,7	4,4	3,2	2,7	4,9	
	3,9	8	3,2	3	-14,5	2,7	-3,3	
Friday	-9	-9	-8	1,8	2,66	3,3	5,8	22,66
	3,7	11	5	3,8	3	2,4	3,3	
	-5,7	8,6						
week 4								36,81

Na sua quarta semana, a Jenny efetuou uma vez mais 73 negociações. Contudo, na segunda e terça-feira ela abrandou um pouco e depois acelerou na quarta e quinta-feira. Entre segunda e quinta-feira ela escalpou com 10 000 $ e após a perda de quinta-feira, ela apostou apenas numa mini posição de 5000 $ na sexta-feira. Isto influenciou, como é óbvio, o resultado líquido.

Poderia chamar a esta quarta semana uma típica semana de consolidação. Todas as atividades de negociação necessitam de uma semana assim. As habilidades têm de ser aprimoradas, talvez sem grandes resultados. Isto também é importante porque apenas após várias centenas de negociações é que o escalpador tem confiança nas suas próprias habilidades. Quando ele mantém o seu diário de negociações de forma consistente, isto suporta a sua confiança e estabiliza os resultados.

Figura 8: Estatísticas da Jenny, Semana 4

trading statistics	week 4
total trades	73
win	49
loss	24
break-even	0
average win	4,1
average loss	5,16
hitrate	67,12%
payoff-ratio	0,79
expectancy	0,55

Contudo, quando olhei para as estatísticas da Jenny na quarta semana, sentir a confirmação da minha crítica em relação às semanas anteriores. Embora a taxa de êxito fosse praticamente idêntica (ligeiramente mais fraca) o rácio de pagamento não parecia tão bom. A expetativa situou-se novamente nos 0,55, bem abaixo de um ponto. A Jenny pode fazer o que muito bem entender. Se ele conseguir gerir permanentemente o resultado dos seus padrões de comportamento, ela verá que vai ser difícil ser consistentemente rentável. As boas semanas, como a terceira, são então resultados aleatórios e não o resultado da capacidade do operador. Estes números testemunham-no com toda a clareza.

Com o fim das primeiras 4 semanas e primeiro mês, pudemos efetuar uma avaliação inicial. Apesar das minhas objeções, elogiei a Jenny, porque ela já conseguia escalpar bem como iniciante. Este estilo era, obviamente, algo que se adequava a ela. Ela aprendeu rapidamente que era importante limitar as suas perdas. Na altura, a paragem de perda ainda estava nos nove pontos. Isto parecia-me um pouco alto, mas na reunião ela defendeu a sua decisão devido à volatilidade do EUR/USD. Muitas velas no gráfico de 1 minuto demonstravam consideravelmente mais que nove pontos de volatilidade, disse. Sabia que isto ia ser um ponto de discussão no futuro, mas ela iria continuar a escalpar com esta paragem.

Ela tinha efetuado 234 negociações em escalpagem no seu primeiro mês e ganhou 205,7 pontos. Isto é notável para um iniciante. Contudo, as comissões ainda a estavam a matar. O resultado líquido de -137,58 euros permanecia dentro dos limites. Achei isto muito bom ainda assim, porque demonstrava que ela não estava longe da rentabilidade. Um resultado ligeiramente melhor em alguns indicadores importantes, tais como o Rácio de Pagamento iriam trazer muito dinheiro para a sua conta. Não nos esqueçamos que na fase inicial ela ainda escalpava com posições muito pequenas. Com uma paragem de nove pontos e uma posição de 10 000 $ isto significava que só arriscava 9 $ por negociação. Isto era apenas uma fração do seu capital disponível. Primeiro era necessário aprender e dominar o jogo. Os tamanhos de posição maiores eram um assunto para mais tarde.

Semana 5

Figura 9: negociações da Jenny, Semana 5

								total
Monday	-3,5	2,8						-0,7
Tuesday	2,8	8,2						11
Wedn.	-4,6	-9,4	-9,4	-4,3	3,5	1	3,1	38,5
	7,4	9,6	19,2	0,7	2,4	4,3	7,2	
	4	3,3	6,4	3,7	9,7	-20,5	1,2	
Thursd.	4,7	-1,6	2	2,4	-6,4	-7,3	-9,9	-141
	3,2	7,7	7,4	-4,1	2,8	4	-1,7	
	-41	-21	-37	-32	-17	-13	-16	
	-9	-9	5	12	3,5	8	-4,5	
	10	18	1	-1	4	-5		
Friday	4,6	10	9	2	5	-10	5,5	-9,4
	1,5	-21,5	5	-13	4	-9	4	
	9	11	2,6	-9	8	7	-19	
	-8	7	13	-18	-9	-11	3	
	-11	-10	-12	5	-9	-8	5	
	-10	-9	-8	5	7	11	11	
	6	6	-3	-3	10	1,5	8	
	-1,6	6	2	-3	-3	-9	4	
	1,5	-9	1,5	-10	-6	-5	-6	
	9	2	-3	6	17	-6	6	
	-6	1	6	1	5	5	6	
	4	4	3	1,5	-13	3,5		
week 5								-101

A quinta semana da Jenny mostrou algo que acontece inclusivamente aos operadores mais experientes: uma recaída em hábitos antigos e mais. O cérebro humano é algo maravilhoso. Embora o observador possa ficar com a impressão que a disciplina da Jenny transpôs as suas respetivas metas nas últimas semanas, esta semana aconteceu algo que na realidade não deveria ser permitido. Magoou. Na segunda e terça-feira, a Jenny praticamente não escalpou. Na quarta-feira, ela esteve um pouco mais ativa. Também prometia ser um dia muito bom, porque para o final do seu período de negociação ela estava perto dos 60 pontos! Foi então que aconteceu (seta vermelha). Terá sido por ela ter estado a escalpar tão bem e ter ficado um pouco ousada? Alternativamente, será que ela teve simplesmente um apagão? De qualquer das formas, subitamente apareceu uma perda de 20,5 pontos. Por conseguinte, mais 11 pontos que o permitido. Ela teve pelo menos a presença de espírito para parar a escalpagem. Afinal de contas, 38,5 permaneciam 38,5 pontos de lucro no dia. Portanto, para além desta escorregadela, tudo parecia estar a correr bem.

Quinta-feira iniciou-se sem nenhum resultado notável. Após 14 negociações, ela tinha um lucro de 3,2 pontos. Isto não é algo com que se tenha de preocupar. Terá sido por impaciência, frustração, ou terá sido um reflexo do impacto negativo que o dia anterior? De qualquer das formas, a Jenny conseguiu ter uma perda de 177 pontos nas sete seguintes negociações. Um verdadeiro feito! A maior perda tinha sido a primeira com 41 pontos. Presumivelmente, ela tentou então uma espécie de medida de desespero para compensar esta perda. Contudo, estas 13 negociações não trouxeram muito. Como poderiam? A disciplina já era e o respeito pelo trabalho acumulado durante as semanas destruído num curtíssimo espaço de tempo. Como é que isto aconteceu?

É um fenómeno que eu próprio conheço muito bem e sei que muitos colegas têm de passar por ele. Somos impulsionados a atuar contra a razão e a destruir o próprio trabalho. Se a Jenny tivesse parado consistentemente as suas perdas a nove pontos, ela só teria tido uma perda de 63 pontos. Como podemos ver, ela teve 10 perdas seguidas.

Estatisticamente falando, isto pertence inteiramente às possibilidades. O meu recorde pessoal foi de 15!

Se ela tivesse negociado consistentemente com o seu sistema, então teríamos falado apenas de um dia mau. Contudo, desta forma ela arrasou os seus ganhos semanais. Muito pior foi o facto de este comportamento poder minar a confiança de um operador a longo prazo. Este resultado é, claro, muito mais sério. Caso tivesse passado por este contratempo de forma brava e disciplinada, podia ter limitado o dia de perda a 70 pontos. Com os ganhos do dia anterior ela teria passado a quinta-feira com -20 pontos. Quem sabe, com um pouco de sorte na sexta-feira a semana poderia ter terminado positiva. Infelizmente, sexta-feira ela tentou compensar esta série negativa negociando em demasia. Ela fez 83 negociações, as quais não a ajudaram. Essas negociações apenas produziram comissões. Também é interessante ver como uma escorregadela aparentemente inócua na quarta-feira (seta vermelha) colocou em andamento uma espiral totalmente negativa. Só pode esperar que seja sexta-feira o mais depressa possível e o fim-de-semana seja útil para voltar a entrar nos eixos.

Figura 10: estatísticas da Jenny, Semana 5

trading statistics	week 5
total trades	142
win	84
loss	58
break-even	0
average win	5,2
average loss	6,91
hitrate	66,00%
payoff-ratio	0,75
expectancy	1,08

Olhemos as estatísticas da Jenny; vemos que não motivo para excitação. A sua taxa de êxito permanece estável entre 60 e 70%. Apenas a sua perda média sofreu imenso depois deste dia negativo. Tudo teria permanecido dentro do normal caso tivesse alterado as suas paragens. Embora os ganhos ainda sejam demasiado pequenos, ela ainda joga para "não perder" ao invés de jogar para ganhar, mas os danos teriam sido limitados. Escusado será dizer que contabilizado em euros a semana, claro, foi má. Para além das elevadas comissões de 194,35 euros tiveram de ser contabilizados 132,01 euros de perda. No geral, foi um saldo negativo de 326.36 EUR.

Semana 6

Figura 11: negociações da Jenny, Semana 6

								Total
Monday	2,5	-5,2	-9,3	3,1	1,1			-7,8
Tuesday	2,4	1,8	6	-2,4	4,8	-3,9	1,3	8,9
	-1,1							
Wedn.	-8,5	-10,5	2,8	4,5	-2,6	-4,9	-1,5	9,6
	10,3	-6,5	-8,9	-5,3	4,8	6,4	5,7	
	3,5	2,6	7,1	1,7	4,7	-5,2	-8,6	
	3,2	-7,3	5,1	9,2	1,6	4,2	2	
Thursd.	-3	-8,5	4,5	4,2	1,6	-3,2	5,9	-6,7
	-20,7	3,7	3,8	2,6	2	-8,7	3,1	
	3,8	-7,9	4,6	-5,4	3,6	3,5	-7,6	
	-8,2	-7,1	-7,2	3,8	3,9	-4,3	-7,4	
	4,7	16	-3,7	8,7	-2,7	4,5	3,6	
	4,2	2,6						
Friday	5,7	2,5	5,3	2,3	-3,4	3,5	-7,5	20,3
	1,6	5,5	1,1					
	3,7							
week 6								24,3

Após a sua fraca semana anterior, foi claro excitante ver como a Jenny lidaria com esta recaída. Se olhar para os resultados da sexta semana consegue ver que ela, na realidade, conseguiu uma espécie de "voltar ao negócio". Os números foram novamente normais, exceto uma ligeira escorregadela na quinta-feira (-20,7 a vermelho). Contudo, isto adveio do facto de ela ter-se esquecido de colocar uma paragem de perda. Além disso, isto acontece na vida de um operador. Ainda assim, os seus ganhos são demasiado pequenos, mas pelo menos a defesa mantém-se novamente.

Figura 12: estatísticas da Jenny, Semana 6

trading statistics	week 6
total trades	89
win	56
loss	33
break-even	0
average win	3,41
average loss	5,1
hitrate	62,92%
payoff-ratio	0,66
expectancy	0,21

As estatísticas demonstram a consistência com a qual a Jenny desempenha as suas negociações, alcançando uma taxa de êxito entre os 60 e 70%. Com a perda média de 5,1 consigo viver muito bem, especialmente dado que ela começou esta semana com uma paragem de perda de oito pontos. Ainda assim achei oito pontos imenso para um escalpador, mas isso foi decisão dela. Dado que os ganhos são significativamente inferiores às perdas, o rácio de pagamento é baixo para esta semana, assim como a expetativa. Ela teve na quinta-feira um dia mais com 16 pontos. Perguntei-lhe, claro, como tinha acontecido isto e se seria possível alcançar mais ganhos dentro destes parâmetros. Isto iria melhorar significativamente o seu rácio de pagamento. Pelo menos, ela fez 24 pontos esta semana, os quais representavam um ganho de 76,29 euros. As suas negociações incorreram em comissões de 166,38 euros. A semana dela conclui portanto com uma perda de 90,09 euros.

Semana 7

Figura 13: negociações da Jenny, Semana 7

								Total
Monday	-6	-6,4	11,3	-6,2	-5,7	-6,3	-7,1	⬇ -17,8
	1,9	6,7						
Tuesday	-3,6	6,9	-3,2	3,8	1,8	1,9	-3,9	⬆ 13,6
	-3,6	2,1	1,5	3,9	1,8	4,2		
Wedn.	-6,4	-3,1	-11,8	8,3	4,8	-4,3	-6	⬆ 19,1
	-1,7	-3,7	13,4	4,2	3,7	2,5	1,9	
	-6,3	4,2	7,7	4,6	-6,2	10,6	-6,4	
	5,5	3,6						
Thursd.	-3,6	-6,1	-4,6	-3,9	-4,6	-6,2	5,7	⬇ -14
	4,1	2,3	-6,7	3,7	-6,7	3,4	-6,2	
	-6,7	-7,4	-6	-6,1	-7,5	-5,6	-7,5	
	12,6	4,5	-6,3	13,3	2,5	8	15,7	
	15,4	-2,4	-4	2,5	7,4	14	-6,6	
	-6,6	2	-6,9	-6,1	4,6	4,6	-6	
	3,9							
Friday	6,6	-6,2	3,1	1,8	-6,1	-6,4	-2,7	⬆ 12,1
	8,3	6,9	6,8					
week 7								⬆ 13

Na sétima semana, a Jenny efetuou 97 negociações. Como sempre, os máximos foram na quarta e quinta-feira. Contabilizei seis negociações com mais de 10 pontos. Portanto, ela foi bem-sucedida a alcançar alguns lucros maiores. Cada operador tem as suas próprias dificuldades. A dela foi ter medo de perder e portanto fechou as suas posições imediatamente após o mais ligeiro dos lucros. Sabia que ela iria conseguir ser uma operador rentável se conseguisse resolver este problema.

Figura 14: estatísticas da Jenny, Semana 7

trading statistics	week 7
total trades	97
win	50
loss	48
break-even	0
average win	5,59
average loss	5,28
hitrate	51,02%
payoff-ratio	1,05
expectancy	0,2

Esta tendência positiva também se refletiu nos seus números. Vemos que o ganho médio (5,59) ficou ligeiramente acima da perda média (5,28). Num esforço para alcançar lucros maiores, a taxa de êxito caiu conforme esperado, para 51,02%. Para mim isto foi lógico. Esta baixa taxa de êxito não deve, necessariamente, permanecer, mas se investir muita energia em aprender algo novo, frequentemente tem de aceitar perdas noutro local. Isto explica a ainda assim fraca expetativa. O rácio de pagamento ficou finalmente acima de um. Ela fez 13 pontos esta semana, o que significou um lucro de 46,00 euros (os tamanhos das suas posições foram entre 15 000 $ e 30 000 $). Após as comissões (220 euros), foi registada uma perda de 174,00 euros.

Semana 8

Figura 15: negociações da Jenny, Semana 8

								total
Monday	-2,2	7,4	-1,2	-3,3	-6	-3,5		⇨ -3,1
	7,2	-1,5						
Tuesday	1,9	4,4	1,7	-1,4	-6,5	2,6	1,9	⇨ -1,3
	-1,8	1,3	-3,6	-1,8				
Wedn.	-3,5	-3,1	-1,3	-2,9	-3,3	-2,3	-4,4	⇩ -38,55
	-6,3	-7,25	-6	3,5	-1,7			
Thursd.	-4,5	-4,1	-3	7	3,9	4,2	-0,5	⇧ 35,2
	7,8	2,4	-2,9	2,3	-2,8	-4,9	6,5	
	-3,5	1,7	2	3,2	2,5	6,4	5,2	
	2,1	3,4	2,2	-5,2	1,5	2,3		
Friday	-6,9	-6,1	11,6	2,5	-2,4	1,8	-6,8	⇩ -18,2
	-3,7	-8,2						
week 8								⇩ -25,95

Na sua oitava semana, a Jenny efetuou 64 negociações. No final da semana isto resultou numa perda de praticamente 26 pontos, o que se deveu novamente ao facto de ela ter tido fracos lucros elevados. A tendência da semana passada não foi cumprida. Ainda assim, tinha de observar algo de positivo. A Jenny trabalhou, a partir desta semana, com uma paragem de perda de apenas seis pontos. Eu interpretei isto como um paço em frente e elogiei-a por isso. Olhemos para o significado disto nas suas estatísticas.

Figura 16: estatísticas da Jenny, Semana 8

trading statistics	week 8
total trades	64
win	30
loss	34
break-even	0
average win	4,42
average loss	3,68
hitrate	47,00%
payoff-ratio	1,2
expectancy	0,12

Os seus números demonstram isto claramente. O seu ganho médio foi maior que a perda média. O rácio de pagamento permaneceu acima de um. Apenas a expetativa foi fraca, mas claro, isto tinha a ver com a fraca taxa de êxito e os ainda assim pequenos lucros.

Semana 9

Figura 17: negociações da Jenny, semana 9

								Total
Monday	-5,9	1,3	1,8	1,1	-6,7	-3,5	-7,1	⇧ 3,3
	4,5	1,5	2	6,2	3,9	1,7	2,5	
Tuesday	1,5	-6,3	-7,1	2,5	-2,5	-6,8	3,4	⇩ -33,2
	-0,2	-3,6	2,5	-2,3	-4,5	-4,3	-5,5	
Wedn.	-6,6	2,2	-2,2	5,3	1	-0,1	-6,1	⇧ 17,7
	2,8	2,9	2,1	3	2,8	1,7	1,6	
	1,2	1,5	1,9	3,9	1,3	-3,4	0,9	
Thursd.	3,2	3,1	-2,6	3,3	3,6	-5	-5	⇩ -15,8
	3,8	-5	5,4	5,5	4	3,9	-5,2	
	-5,1	-5,3	5,9	0,8	-4,1	0,9	2,1	
	2,9	-2,4	-6,4	-2,4	-5,4	4,5	6	
	-4,4	3,9	2	-3	8,4	6,9	-7,3	
	1,2	1,1	2,6	-2,5	1,3	4,3	5,7	
	-5,4	-5,2	-5,3	8,9	-5,2	4,2	4	
	-0,2	-6,5	-4,4	8,1	-5,2	-6	-5,4	
	-7,6	-6,1	2,5	-6,8	7,9	1,6	-5,2	
	-6,7	4,8	3,5	-5,9	1,1	-3	2,5	
Friday	2,5	3,6	-5,5	-2,7	-5,2	3,5	1,3	⇧ 1,3
	-5,1	7,4	-5,1	2,5	5,3	-8,4	7,2	
week 9								⇩ -26,7

A Jenny estava obviamente muito motivada na sua nona semana e efetuou 133 negociações. Especialmente na quinta-feira ela este muito ativa, mas sem sucesso. Apesar das muitas negociações, ela teve uma perda de 26 pontos. Claro, isto também pertence à curva de aprendizagem de um operador, reconhecer, quando não se está a sair bem. Não 60 negociações num dia, desde que essas negociações depreendam lucros. Este não foi claramente o caso na quinta-feira. "Estar ocupada" na altura errada não traz nada de útil para a negociação. Isto refletiu-se no resultado, claro. Contudo, ela disse-me que tinha estado a trabalhar na quarta-feira apenas com uma paragem de cinco pontos. "A Jenny está a começar a ver a luz," pensei. Se ainda não funcionar com os lucros, pelo menos ela estava a construir uma forte defesa. É o primeiro importante bloco de construção de um negócio de escalpagem: certificar-se que perde o menos possível, se perder.

Figura 18: estatísticas da Jenny, semana 9

trading statistics	week 9
total trades	133
win	75
loss	58
break-even	0
average win	3,09
average loss	4,79
hitrate	56,00%
payoff-ratio	0,38
expectancy	-0.37

Como podemos ver, os seus esforços ainda não se refletiram em bons números. A expetativa foi inclusivamente negativa nesta semana. Isto é um ponto onde muitos desistem. Ela estava portanto desmotivada durante a reunião de sexta-feira e eu tive de fazer o meu melhor para a convencer a continuar. Todos os operadores têm estes momentos e não é evidente por si só que ainda continuem, se ainda não aparecer nada de palpável após os seus próprios esforços.

Semana 10

Figura 19: negociações da Jenny, semana 10

								Total
Monday	-2,7	-5,6	4,4	-5,1	-5,1	-5	-5,3	
	-5,4	7,7	11,1					
	-2	2						-11
Tuesday	-5,4	1	10,9					
	-5,4	1,7	1,1	5,1				9
Wedn.	-5,5	-5,1	13,6	8,7	-5,5	-5,4	4,1	
	-5,2	-4,2	-5,2	12,1	-5,9	7,1	3,3	
	3,4	1,3	-6,5	-5,2	-4,6	-7,4	9,1	
	6,3	-5	-5,5	4,3				-7
Thursd.	1,5	6,4	-2,3	5,2	-5,9	5,6	1,5	
	-5,2	12,6	9,3	5,7	-4,4	-5,6	-10,5	
	-5,4	10,6	-5,5	-6,3	-6,9	-5,8	16,1	25
	3,8	-4,8	3,7	6,2	5,3	0,5		
Friday	4,1	2,6						6
week 10								22

Na décima semana, aconteceu algo que há muito esperava. Subitamente, os ganhos eram maiores. A Jenny alcançou múltiplos ganhos acima dos 10 pontos, nomeadamente em quatro dos cinco dias! A sua paragem ainda era de cinco pontos, mas os números demonstravam claramente que algo tinha mudado. Ela permaneceu nos seus ganhos durante mais tempo e não os fechou de imediato, assim que tinha um ou dois pontos de lucro. Claro, elogiei-a por este sucesso, o qual ela também, claramente, apreciou. Nas semanas anteriores não parecia que isto fosse possível, mas na realidade ela fê-lo! Embora o lucro da semana de 22 pontos ainda fosse modesto, eu estava certo que em breve iríamos ver ganhos de 20 pontos ou mais. Isto então, claro, faz toda a diferença, se ela continuasse a limitar as suas perdas de forma disciplinada.

Figura 20: estatísticas da Jenny, Semana 10

trading statistics	week 10
total trades	73
win	37
loss	36
break-even	0
average win	4,69
average loss	4,02
hitrate	50,68%
payoff-ratio	1,16
expectancy	0,33

A Jenny efetuou 73 negociações nesta semana. O lucro médio foi novamente superior que a perda média, o que melhorou significativamente o seu rácio de pagamento. Apenas a expetativa foi um pouco ligeira, mas tinha a certeza que ela também iria mudar em breve. Como é que surgiu esta súbita melhoria? Em última instância, foi uma ligeira medida sobre a qual lhe tinha aconselhado na semana anterior. Ela dissera-me que tinha colocado a paragem para igualar assim que a posição tivesse alguns pontos de lucro. Não sabia isto antes da nona semana e pedi-lhe para não o fazer a partir da décima semana. O resultado desta ação refletiu-se de imediato em números melhores. Isto está a acontecer com mais frequência na curva de aprendizagem. A princípio, o operador compreende relativamente rapidamente o que é importante. Não é necessário ser um génio matemático para compreender verdadeiramente o relacionamento entre estes simples rácios estatísticos. Ainda assim, por vezes, isto depende de pequenas alterações no comportamento da negociação, as quais em última análise fazem a diferença entre o lucro e a perda. Portanto, segundo esta décima semana, tinha a sensação que ela iria alcançar uma descoberta, especialmente dado que a alteração envolveu a rotura com o seu padrão básico: nomeadamente, jogar sempre pelo seguro. A Jenny tinha começado a jogar para ganhar.

Semana 11

Figura 21: negociações da Jenny, semana 11

							Total
Monday	-5	8,5	-2	-5,2	2,1	3,6	-5
	2,2	-5,2					-6
Tuesday	-5	2,7	2,3	-1,1	-0,4	-0	8,5
	1,9	-5,3	2,1	5,6	-5,6	2,7	8
Wedn.	8,1	-4,3	3,6	1,9			9
Thursd.	2,7	4,5	24,5	3,9	10,2	1,7	-5,6
	4,2	-5,1	-4,9	-5	10,3	-5	36
Friday	5,5	-5	-5,7	-6	-4,7	-5	7,1
	-5,1	3,8	3,6				-11
week 11							36

A Jenny fez 19 negociações na décima primeira semana. Grande surpresa! Na quinta-feira, aconteceu finalmente: a Jenny fechou uma negociação com um lucro de 24,5 pontos! Falamos frequentemente sobre isto, que se ela conseguisse ser bem-sucedida, de vez em quando, a alcançar um lucro maior, isto iria precisamente fazer toda a diferença. Esse único ganho foi responsável por 68% dos seus ganhos semanais.

Pode nem sempre ser o caso que os grandes ganhos tenham este peso. É possível alcançar com segurança lucros de 10 ou 12 pontos como bons resultados. Ainda assim, sou da opinião que um "Jackpot" ocasional aumenta consideravelmente os resultados, já para não mencionar o ganho de confiança com essas transações.

Para além disto havia a sua compreensão que é frequentemente o suficiente escalpar apenas durante 2 horas por dia. Com demasiada frequência, ela tinha experienciado que mais horas não significam necessariamente mais lucro, mas certamente mais comissões para o corretor. Existem expetativas, especialmente se o escalpador tem o sentimento que o mercado é muito bom e que muito mais está para vir. Neste caso, recomendo inclusivamente que aumente o tamanho da posição, ao passo que reduzo nos dias fracos o tamanho da posição ou simplesmente termino a escalpagem mais cedo. O controlo do tamanho da posição é um parâmetro muito importante que não tem lugar nesta terceira parte da série "Escalpar é Divertido!" Não o coloquei neste livro porque iria complicar os números e a sua avaliação não era necessário.

Figura 22: estatísticas da Jenny, Semana 11

trading statistics	week 11
total trades	49
win	26
loss	23
break-even	0
average win	5,23
average loss	3,41
hitrate	53,06%
payoff-ratio	1,53
expectancy	1,17

Olhemos para as estatísticas da Jenny na décima primeira semana; podemos observar que a boa tendência da semana confirmou-se. Agora, os números estão interessantes. O ganho médio de 5,23 está bem acima da perda média de 3,41. O rácio de pagamento de 1,53 é agora muito bom.

Além disso, a Jenny pode contar com pelo menos 1,17 pontos por Transação, o que já é um bom número para um escalpador. A taxa de êxito sofreu um pouco, mas estava confiante que iria subir novamente com o aumentar da experiência. A Jenny efetuou um lucro de 54,77 euros nesta semana. A soma das suas comissões foi de 76,32 euros. Assim sendo, o rendimento líquido semanal foi de -21,54 euros. Por outras palavras, a Jenny estava a ficar mais perto de cruzar o limiar da rentabilidade. Não esqueçamos que ela ainda estava a escalpar com lotes muitos pequenos em forex. Contudo, ela era tão sensata, optando por não aumentar o tamanho do lote enquanto não estive a escalpar com lucro após as taxas.

Semana 12

Figura 23: negociações da Jenny, semana 12

								Total
Monday	5	4,1	6,4	-5	1,8	4		23
	7							
Tuesday	-5,1	3	-5	-5	-5,8			
	-5,7	-5,1	2,5	-5,1	6,9	8,7		
	2,5	-1,3	2,9	3,2	-5			-13
Wedn.	-5,1	4,2	-5	5,5	3,7	-3,2		0
Thursd.	4	6,6	-5,1	-4,2	7,9	1,8		
	16,1	5,2	5,5					32
Friday	5,5	4						9
week 12								51

Na décima segunda semana vemos uma confirmação mais consolidada de que a Jenny está no bom caminho de se transformar numa boa escalpadora. Os seus resultados estão agora estáveis há três semanas seguidas. Ela está disciplinada e limita as suas perdas consistentemente para cinco pontos. Ocasionalmente ela também tem um ganho maior, o qual aumenta o seu resultado semanal.

Figura 24: estatísticas da Jenny, Semana 12

trading statistics	week 12
total trades	39
win	24
loss	15
break-even	0
average win	4,39
average loss	2,37
hitrate	61,00%
payoff-ratio	1,85
expectancy	1,78

Os rácios estatísticos confirmaram a minha impressão positiva. O lucro médio é agora praticamente duas vezes mais que a perda média. Através de uma paragem de tempo que inserimos uma semana antes, ela conseguiu reduzir as suas perdas, o que claro revelou ser bom para o Rácio de Pagamento. Além disso, a expetativa aproximava-se agora de praticamente dois pontos, o que é ótimo para um escalpador.

Após as taxas, nesta semana, a Jenny ganhou 29,80 euros. Isto pode não parecer muito, mas ela chegou finalmente à rentabilidade. Além disso, esta rentabilidade não se encontra em terreno instável, como foi o caso da terceira semana, quando ela o tentou utilizando a taxa de êxito. Ela agora ganha dinheiro porque mantém as suas perdas o mais baixo possível e maximiza os seus ganhos.

3. Como está a Jenny agora?

Agora sabe quais foram os resultados das primeiras 1000 negociações que a Jenny fez. Estes números têm mais de um ano. A Jenny transformou-se numa escalpadora rentável que negoceia com múltiplos lotes padrão no mercado forex e ganha a vida no intervalo do 1,50 a 1,90 e a sua taxa de êxito ainda está entre os 55 e os 60%. Claro, ela paga agora ainda mais taxas, mas pode negociar melhores termos com o seu corretor, devido ao elevado volume das suas negociações. Eu aconselhei-a a fazê-lo.

Nada é permanente e tudo é negociável neste mundo. Quem quer que seja um bom cliente, conforme todos os escalpadores são, podem apresentar-se com confiança e negociar os termos. Isto é claro de elevada importância quando as comissões se encontram por vezes nos milhares, conforme é o caso de um escalpador muito ativo. Ainda assim, também deve avaliar aqui as quantias das taxas com a qualidade do corretor. As condições favoráveis não têm qualquer uso se tiver spreads que são piores ou quando a derrapagem é excessiva. Portanto, fale com o seu corretor. Na maior parte das vezes vale a pena.

4. A Escalpagem é um Negócio

Espero ter demonstrado com este caso de exemplar que a escalpagem não é algo artificial, mas um verdadeiro negócio. Isto significa que deve superar os custos reais, tais como as comissões e spreads. Além disso, há sempre a derrapagem. Enquanto escalpador, nem sempre obtém o preço desejado, mesmo se houver uma paragem brusca no mercado.

A Negociação e Escalpagem são difíceis e apenas os melhores sobrevivem. Seja quem for que negar isto não sabe o que isto é. Contudo, queria mostrar com a curva de aprendizagem da Jenny durante os 3 primeiros meses que é possível aprender este negócio. Com bases bem estruturadas, ele pode ser muito rentável. Você sabe, no mercado bolsista não existem limites no lado positivo. Acima de tudo, todos os operadores devem dominar as lições mais ríspidas. Aqueles que aprenderam a arte de forma adequada, têm uma possibilidade real neste negócio.

Desejo-vos todo o êxito!

Heikin Ashi Trader

pdevaere@yahoo.de

Mais livros de Heikin Ashi Trader

O Escalpamento é Divertido!

Parte 4: A Negociação é um Negócio de Fluxos

Os lucros da negociação não são iguais durante 20 dias de negociação todos os messes, conforme a rentabilidade que se verifica num trabalho normal de escritório. A experiência demonstra que a ocorrência dos resultados é assimétrica.

Há dias em que funciona como um relógio e dias em que a negociação parece produzir apenas perdas. Neste quarto livro da série "Escalpar é Divertido!" o Heikin Ashi Trader olha para a altura certa para negociar.

Os operadores bem-sucedidos sabem em específico quando não devem negociar. Eles concentram-se nas vezes em que as condições de mercado são ideais para eles. Por ordem de eventos, a diversão aparece por si, depois segue-se o êxito.

Neste estado de disciplina de "fluxo" isto é fácil de alcançar. A escalpagem rápida promove o fecho rápido das posições de perda e a retirada rápida de lucros acumulados, também de igual importância.

Índice

1. Negoceie Apenas Quando é Divertido

2. Quando Não Deve Negociar

3. As Melhores Horas de Negociação Para:

A. Operadores Forex

B. Operadores de Índices

C. Operadores de Crude

4. Por que é que a Escalpagem Rápida é Melhor que Algumas Negociações Bem ponderadas

5. A Disciplina é Mais Fácil no Fluxo

6. Instrumentos de Aviso e Controlo

7. Quando Ganha, Seja Agressivo e Seja Defensivo Quando Perde

Como iniciar um Negócio de Transação com 500 $

Muitos novos operadores têm pouco capital disponível no início, mas isto, de qualquer das formas, não é um obstáculo para iniciar uma carreira de transação.

Contudo, este livro não se trata de como fazer crescer uma conta com 500 $ para uma conta com 500 000 $. São precisamente estas expectativas de retorno exagerodo que levam a maioria dos iniciantes ao fracaço.

Ao invés, o autor demonstra de forma realista o que deve fazer para se transformar num operador a tempo inteiro apesar do limitado capital de arranque. Isto aplica-se quer a operadores que queiram permanecer privados, assim como aos que querem eventualmente transacionar fundos dos clientes.

Este livro demonstra passo-a-passo como fazê-lo. Além do mais, há um plano concreto de ação para cada passo. Qualquer um pode ser um operador no princípio, se ele ou ela estiver disposto a aprender como funciona este negócio.

Índice

1. Como se Transformar num Operador com apenas 500 $ de Investimento?

2. Como Adquirir Bons Hábitos de Transação?

3. Como Ser um Operador Disciplinado

4. O Conto de Fadas do Juro Composto

5. Como Transacionar numa Conta com 500 $?

6. Transação Social

7. Fale com o Seu Corretor

8. Como se Transformar num Operador Profissional?

9. Transação para um Fundo de Cobertura

10. Aprenda a Trabalhar em Rede

11. Transforme-se num Operador Profissional em 7 Passos

12. 500 $ É Muito Dinheiro

Glossário

Outros Livros de Heikin Ashi Trader

Sobre o Autor

O Heikin Ashi Trader é o pseudónimo de um operador com mais de 15 anos de experiência na transação de futuros e divisas. Ele especializa-se no escalpamento e na rápida transação. Para além disto, ele tem publicado múltiplos livros que explicam as suas atividades de transação. Tópicos populares sobre: escalpamento, transação de balanço e gestão de risco e dinheiro.

Impressão

Textos: © Copyright por Heikin Ashi Trader
12 Carrer Italia, 5B
03003 – Alicante
Spain

Todos os direitos reservados.

www.ingramcontent.com/pod-product-compliance
Lightning Source LLC
Chambersburg PA
CBHW061201180526
45170CB00002B/910